AF497800

Pl. 3.

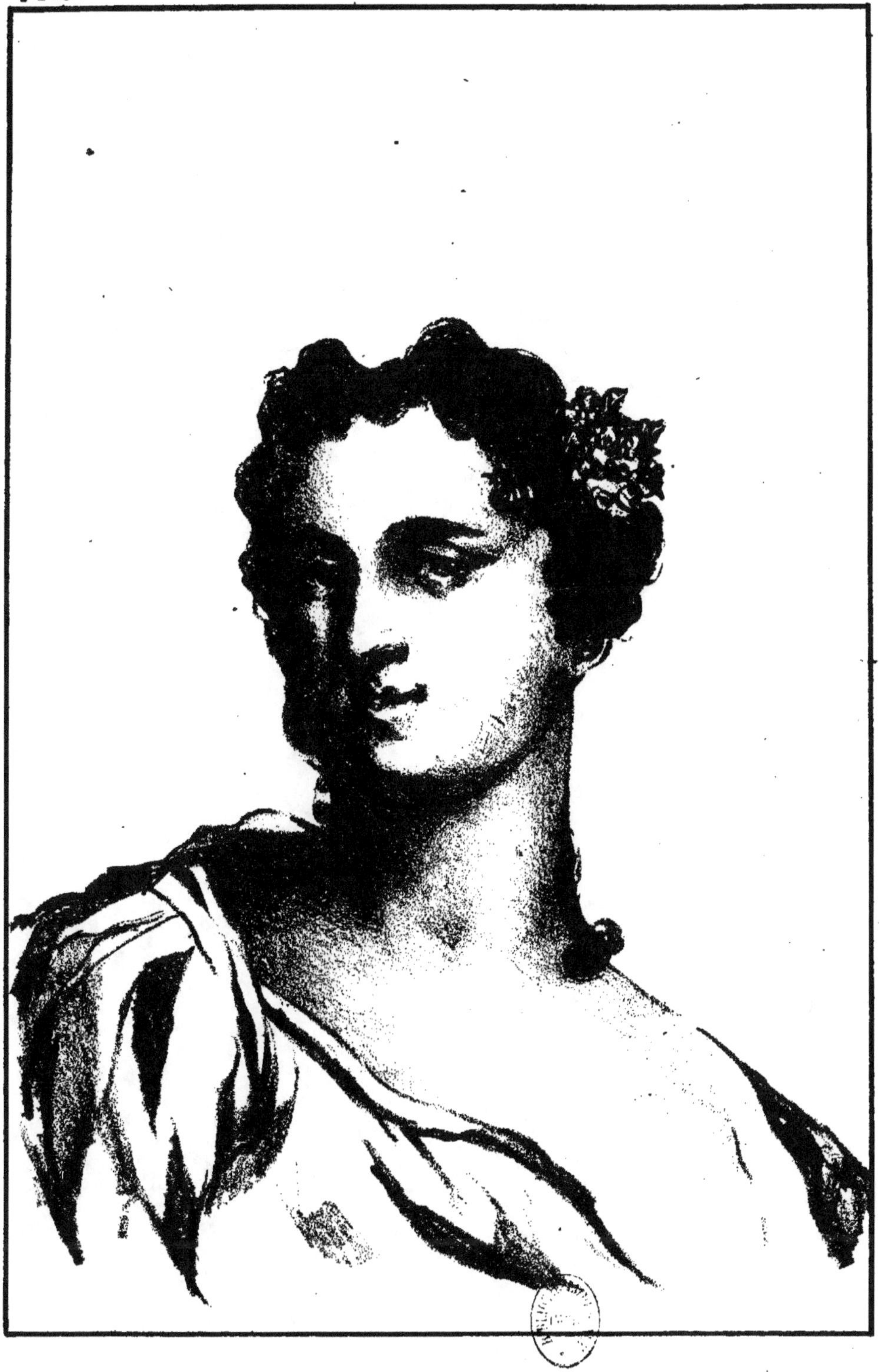

LE GRAND LIVRE DES PEINTRES

SCULPTEURS, DESSINATEURS, ETC.

LA MINIATURE
APPRISE SEUL

AVEC SEPT COULEURS

pour UN franc

PAR

J. DE LA ROCHENOIRE

Peintre d'Histoire, Membre de l'Association des Artistes Peintres, Rédacteur de plusieurs Journaux, Revues, etc.

Les choses petites, les faire paroistre et trouver grandes.

MICHEL DE MONTAIGNE.

Liv. Ier, chap. LI.

N° 11

PARIS

MARTINON, LIBRAIRE-ÉDITEUR,

14, Rue de Grenelle-Saint-Honoré.

DURANDIN. GALERIE VIVIENNE, 46.

1857
1858

TABLE DES CHAPITRES

CHAPITRE PREMIER.

Où l'auteur découvre le mal pour le guérir.

Comme le dit fort bien Bernard Palissy : « Le mal n'étant inguérissable qu'autant qu'il reste inaperçu, qu'un chacun, selon qu'il aura reçu des dons de Dieu, qu'il en distribue aux autres. »

Je vais donc, cher lecteur, poursuivre sans hâte comme sans relâche mon œuvre, et, puisque nos études avancent, vous ne vous lasserez pas plus que celui qui poursuit sa tâche. Quand on est pressé d'être lu, il ne faut pas attaquer des matières où la connais-

sance provient de l'observation et de la mé-
ditation.

Jadis, le cœur rempli de verve, je devais
mettre un frein aux idées qui tourbillonnaient
dans mon cerveau; aujourd'hui, l'esprit calme,
je les médite longuement avant de les énoncer. J'éprouve, il est vrai, plus de difficulté;
mais, en maintenant dans mon ouvrage la
fantaisie et le caprice, je parcours ma car-
rière agréablement, et, avec une patiente
persévérance, j'atteins le but sans effort. Je
n'ai point ce vif désir d'arriver qu'éprouve
l'écrivain journalier, et, si je n'ai le temps
de penser et d'observer, je ne puis satisfaire
mon désir d'écrire. Maintenant où chacun
parle de tout, juge de tout, se connaît à tout
sans avoir rien étudié, tous les publicistes
sont pressés d'édifier, parce qu'ils veulent
récolter. Sachez donc, chers élèves, que cette
fantaisie d'allure que nous prenons prouve le
peu d'empressement que nous avons d'être

prôné, et témoigne des recherches sérieuses que nous apporterons dans les questions d'art.

Au surplus, il en est de la gloire et de la renommée à peu près comme de l'esprit, quant au plaisir qu'ils vous donnent. La réputation que procurent à un auteur les productions méditées, achevées dans le silence et publiées sans recommandation, sans coterie et sans complaisantes et fallacieuses approbations; celle qu'on obtient à son insu, inonde l'âme, ravive le cœur de bonheur et de joie, et illumine notre intelligence en l'honorant. Il n'est pas d'étude sans réflexion, et réfléchir c'est s'arrêter : si nos digressions nous retardent souvent, elles nous permettront, par un repos salutaire, d'exposer avec plus de justesse et de conviction le résultat de nos aperçus.

L'indépendance des idées étant aussi naturelle que l'indépendance des volontés, c'est l'émancipation des idées, des volontés et des

passions qui constitue le germe artistique ; et ,
si le véritable poète est celui qui ose tout dire,
le véritable écrivain ose tout juger, et ne res-
pecte ni ne ménage rien de ce qu'il trouve
faux et suranné. Il attaque , ce valeureux
champion, les vieilles routines, sape, anéantit
ce qui lui fait obstacle ; il se débarrasse des
langes qui l'étouffent et brise, en frappant à
coups redoublés, le double joug d'une fausse
logique et de principes bâtards. Voilà notre
drapeau : soyons intelligible , simple , vrai,
apprenons à bien voir, et nous saurons interpréter.

Dans l'art, je vous le répète, chers élèves,
le signe que l'on emploiera sera convention-
nel, et servira à exprimer, non pas la repré-
sentation de l'objet naturel, mais la sensation
de notre pensée. Cet axiôme, que nous adop-
tons, nous servira de base pour énoncer rapidement nos réflexions théoriques et pratiques
sur l'art du miniaturiste.

Réussirai-je à donner plus à penser en peu de lignes, sur les vrais principes de l'art, que mes devanciers ne l'ont fait dans de longs ouvrages? C'est ce que vos progrès me diront.

Ce qui est à craindre, dans la peinture et encore plus chez le professeur, c'est la médiocrité : un livre où de belles phrases vides et sonores s'étalent, séduit l'esprit du lecteur; une miniature d'un faire aimable et mielleux s'empare du goût de l'amateur; et, en général, tout ce qui, chez le professeur, n'est ni bon ni absolument mauvais trompe le public, à cause de cette facilité séduisante, pernicieuse, mensongère, et, conséquemment, dangereuse. C'est cette raison qui rend si nuisible cette quantité inouïe de tableaux peints dans un seul but commercial; c'est cette avalanche d'ouvrages médiocres écrits sur les arts, que des éditeurs avides de gain multiplient à l'infini, qui fausse le goût général.

Combien de ces opuscules, qui eussent mérité l'oubli, se prélassent à l'aide d'un titre usurpé et dénaturent un art qu'ils devraient épurer ! Quel est le moyen de fuir ces pygmées, que les lois elles-mêmes sont impuissantes à punir?... Comment l'élève évitera-t-il cette fange où, dès les premiers pas, il restera embourbé?... Lui sera-t-il facile, une fois contractée, de rompre l'habitude qu'il aura prise, s'il ne sait vers quel but se diriger?... Je crains bien que ces pauvres élèves n'échouent, car si l'un réussit à sortir de l'ornière dans laquelle il est plongé, beaucoup, je le crains, chancelleront et n'auront pas même la force de sentir leur erreur.

Pour devenir grand peintre en miniature, il n'est pas inutile d'être savant, et si vous me demandiez s'il faut peindre ou lire, je serais presque tenté de vous répondre : Lisez et peignez. Pourquoi certains grands artistes, acceptés comme tels, dis-je, ne joignent-ils pas à tant d'études pratiques, qui les rendent célèbres, quelques autres qui sont du domaine littéraire, il est vrai, et qui leur seraient si nécessaires?... Ah! sans aucun doute, ils peignent parfaitement bien, en tant que procédé; connaissent au suprême degré la science de l'effet et du clair-obscur; la magie étincelante du coloris; ils ont le mérite d'une exécution brillante qui ne fatigue jamais la pensée du spectateur : mais jamais, s'ils flattent l'esprit, ils n'entraînent les cœurs. Ne vous contentez pas du tribut qui n'est dû qu'au travail mécanique; les Weyler, les Hall, les Rosalba, les Mirbel, etc., etc., tous les ravissants peintres du XVIIe et du XVIIIe siècle voulaient beaucoup plus : le procédé, quoique savant et délicieusement manié, n'était rien pour ces inimitables artistes, sans la science et l'inspiration qui devaient le guider.

Nous verrons, dans le chapitre suivant, ce que devrait être l'art de la miniature au XIXe siècle.

CHAPITRE II.

Ce que devrait être l'art de la miniature, et ce que pourrait ne pas être le journalisme.

La miniature, ce genre gracieux et délicat, que quelques écrivains ont réservé aux doigts souples et effilés, au cœur brûlant et passionné de la femme, ce que je ne conteste en rien, n'en demande pas moins la force, la vigueur et l'énergie des peintres les plus fougueux. Peindre à l'huile, à l'aquarelle, à la gouache, à la cire, à la détrempe, à fresque ou à la miniature, sont des moyens différents comme procédé, mais qui ont tous le même but : l'interprétation de la nature. Est-ce à dire qu'en peignant plus délicatement, vous devez modeler avec moins de fermeté?... Est-ce parce que vous vous servirez d'un pinceau microscopique que vous devez amoindrir le caractère et la force de votre modelé?... Non! Peignez avec un balai, un pinceau ou un poil, si vous voulez, mais animez du souffle créateur l'œuvre qui jaillira de votre pensée ; donnez la vie et le mouvement ; impressionnez !

Je ne sais le sort réservé à la miniature ; mais, depuis les Weyler, les Hall, les Boucher, les Rosalba, les Greuze, les Fragonard, etc., on l'a bien dénaturée. Ces charmants, séduisants et savants peintres du xviiie siècle n'avaient point menti à leurs devanciers, et, comme Petitot, Nanteuil, etc., etc., et tous les miniaturistes et émailleurs du xviie siècle, sur un infiniment petit morceau d'ivoire ou de parchemin, ils dessinaient à la mine de plomb ou peignaient en miniature d'excellents portraits qui rivalisaient d'ampleur, de style et de tournure, avec les étourdissants personnages immortalisés par les Rigaud, les Largillière, les de La Tour, par tous les grands portraitistes du siècle sévère de Louis XIII, ampoulé de Louis XIV, spirituel et sensualiste du Régent, et délicieusement chiffonné du roi des ruelles et des petits soupers.

La Révolution, cette terrible régénératrice des peuples, ferma le cycle de l'inspiration au lieu de l'agrandir ; et, forte de ses croyances nouvelles, elle amoindrit la foi artistique. La France devint matérialiste. Le peuple voulut posséder, et l'art abandonna l'interprétation pour la réalité! Boucher, le desservant des Grâces, le peintre le plus dans le faux que la nature ait peut-être produit, mais n'en cherchant pas moins l'interprétation dans la nature; Fragonard, le sensualiste et le débraillé, mais plus poëte que pas un des Davidiens; Watteau, le profond penseur sous la casaque de Pierrot et d'Arlequin : tous furent renversés de leurs piédestaux avec les rois et les marquis, tous furent décapités, les uns de la tête, les autres de leur génie, pour faire place à la nouvelle phalange du néo-grec qui devait, par la raison des contraires, régénérer un art soi-disant abâtardi. Cela a été, cela devait être. David chercha la matière dans la ligne; Isabey, le miniaturiste, abandonna la vie et l'interprétation pour le procédé. Mais les extrêmes devant converger, si Gros, Géricault, Eugène Delacroix, Prud'hon, etc., etc., furent bien la conséquence des tendances de l'école impériale, nous attendons encore l'antipode de l'école matérielle des Isabey, des Augustin, des Saint, et de tous les grands faiseurs de citoyennes blasonnées.

Il est amusant, pour un observateur impartial et tant soit peu philosophe, de se divertir des inconséquences prônées et acceptées. L'art est souvent en bien grand danger, et l'avenir d'un peuple dépend vraiment trop du caractère ou de la bile de n'importe quel pédant.

Que de ruines, de changements irréparables, d'abus insensés ; que de fausses doctrines en politique, en art et en religion, ont été préparés, amenés, tolérés, inventés par et pour le bon plaisir du motif le plus futile et souvent le plus lâche !

Le peuple ne fait pas plus la loi en art et en religion qu'en politique, il la subit.

Quand je lui dis, moi, vous ou lui, et que nous appuyons nos sophismes sur un semblant de raison, que ce tableau est parfait, que ce mystère est sacré, que cette loi est voulue, il nous croit, car dans le peuple est la foi, et la foi est inaccessible au mensonge.

Quand je lui parle, moi, vous ou lui, à ce peuple croyant et bon ; quand je m'adresse à ces masses, à ces déshérités de l'éducation que Dieu m'a confiés, car moi, vous ou lui, nous avons l'intelligence, et que je les trompe sciemment, ces âmes qui sont confiées à ma garde, je me mens à moi-même ; je me parjure, puisque je trompe ces peuples que je dois éclairer! O journalisme! tu sacrifies trop les intérêts sacrés aux plus vils motifs! Si tu as produit de grandes choses, que de désastres, de calamités sont sortis de tes flancs!

En politique, tu n'as pas de croyance ; en religion, tu n'as que du cagotisme ou tu es sectaire; en art, tu n'es que poison et mensonge!

Oui, comme Gargantua, grand avaleur d'énormités et d'alcool, tu manges pour dévorer! et que ta digestion se fasse de vérités ou de mensonges, tu n'en digères pas moins tout ton soûl! Mais, quel engrais intellectuel nous donnes-tu à moi, à vous ou à lui?... De quoi nourris-tu la terre que tu ensemences?..... Qu'enseignes-tu à ce peuple, à ces croyants qui se nourrissent de ton suc vénéneux?... Que leur rends-tu pour l'obole qu'ils t'apportent, ces pauvres déshérités et de la science et de

l'art?... Roi! que fais-tu de tes sujets!!!
comme le Minotaure antique tu dévores tes
enfants!... Oui, car tu anéantis leurs facul-
tés!

Depuis que j'ai vu, j'ai souffert. Quand mes
yeux ont eu entrevu, quand mes oreilles ont
tressailli aux paroles qui se prononçaient dans
cet antre mystérieux du journalisme, j'ai
baissé mes paupières et j'ai prié... Oui, je me
suis recueilli... J'ai voulu la foi et j'ai cherché
en moi ce que je ne trouvais point dans les
autres, la vérité! J'ai sacrifié cette vaine glo-
riole de chaque matin; j'ai fait fi de la cama-
raderie; j'ai abandonné la phalange des es-
prits monétisés, des discoureurs à grand
écart, des publicistes à tempérament, en
croyant naïvement que l'esprit ne pouvait
être journalier, pas plus que le jugement
dicté ou payé, que l'art commandé, et je me
demande encore pourquoi le journalisme,
grand écho des peuples modernes, répète si

faux quand tant de voix se rassemblent pour le faire raisonner juste...

C'est que les écrivains de l'Empire qui, sur la foi de quelque amateur riche et peu éclairé, ont encouragé, prôné, chanté, louangé la *ressemblance*, dans la stupide acception de ce mot; le faire lourd, pâteux, trivial et bourgeois; le coloris faux, systématique et boursoufflé; le dessin nul, sans accentuation, sans mouvement et sans énergie; l'expression banale, guindée, roturière et plate; la tournure froide, compassée et somnolente de toutes les miniatures des Isabey, des Augustin, des Saint, etc., etc., enfin, des œuvres de tous les fabricants plus ou moins adroits et patients de l'école impérialiste, au détriment de la *physionomie* des portraits vigoureux et animés, vifs et spirituels du XVIIIe siècle; au préjudice des fantaisistes inimitables qui immortalisaient sous le souffle divin qui agitait leurs pinceaux fougueux, les roués, les raffinés, les

philosophes et les marquises ; les débauchés
et les comédiennes de la décadence de la
royauté ; des Hall, des Rosalba, elle aussi, la
divine pastelliste ; des Fragonard, des Boucher,
des Greuze, des Weyler ; de tous les émailleurs même, depuis Petitot jusqu'à Soiron ;
enfin de tous ces passionnés et savants créateurs
qui animaient la matière au lieu de la subir ;
je dis, je répète et j'affirme que tous ces cri-
tiques, ignorants ou de mauvaise foi, ont
trompé le peuple, en jetant de l'encens au
procédé aux dépens de l'inspiration.

Et cependant, ils le disent tous, ces beaux
discoureurs, leur but est d'enseigner les masses, d'instruire ce peuple qui met sa confiance
en leur savoir ; qu'en font-ils de ce droit que
tu leur as octroyé?... Ils te flattent, peuple, et tu
les écoutes ! Tu aimes le joli, voilà du métier,
du fin, du pointillé ; c'est rose, frais, fade et sans
ombre, c'est de l'Isabey, de l'Augustin, etc.,
et te voilà ravi... Que ferais-tu de ces savants

et énergiques portraits des autres : des Weyler, des Fragonard, etc., de tous ces sauvages qui peignent avec fougue et emportement des portraits d'un centimètre carré ; de tous ces barbouilleurs qui ne te donnent que des masses d'ombre et de lumière ; de tous ces inspirés qui jettent le feu et la vie dans leur touche fiévreuse ; de ces fanatiques qui effrayent les forts de leur audace ? Rien ! puisque tu ne peux les comprendre !

Bon public, ils te servent à ton goût au lieu de le châtier, ces impuissants que tu nourris ; ils craignent de déplaire à leur maître, ces précepteurs nécessiteux ; mais ils s'avilissent en te perdant, car si tu donnes la popularité, tu n'es pas maître de l'immortalité ; et si tu payes chaque matin le critique patenté, c'est qu'il te sourit chaque matin ; alors, il ne te soumet plus ses jugements, mais il accepte et flatte tes vices au lieu de les corriger ; alors, pour l'art, il te sert du métier ; au lieu de l'ar-

2

liste, il te prône l'artisan ; il te donne l'enveloppe pour l'âme.

Ou il ment à sa mission et te trompe ! ou il est indigne par son intelligence et sa science de te guider, et il parjure son sacerdoce.

Et voilà pourquoi l'art de la miniature ne devrait pas, plus que le journalisme, être ce qu'il est, mais ce qu'il a été.

En me suivant, chers élèves, vous retrouverez ces sentiers perdus ; et, naïvement et simplement, en les parcourant, nous en deviserons ensemble. Jadis on voulait la physionomie dans le portrait ; maintenant, on fait de la ressemblance ; auquel nous arrêterons-nous ?... C'est ce qu'au chapitre suivant nous rechercherons.

CHAPITRE III.

**Où le public est toujours dans le faux
à cause de sa fureur du vrai.**

Après avoir parcouru ce chapitre, vous sentez comme moi, lecteur, toute la différence qui existe dans les différentes manières de peindre ou plutôt d'interpréter la nature. Mais le public, qui est fort mauvais juge en cette matière, est toujours dans le faux à cause de sa fureur du vrai : pour lui, comme je le disais dans mes opuscules, le comble de l'art du miniaturiste, c'est le plus de perfection dans l'imitation matérielle. Pour ce juge impitoyable, c'est le fini, le léché qui font le grand artiste,

et non le style plus ou moins élévé de ses œuvres. Ce qu'il lui faut, à ce bon public, ce sont
des sujets à sa portée, un faire assez mesquin
pour qu'il le comprenne, une ressemblance tri-
viale, banale et fastidieuse ; enfin, il ne faut
pas que l'artiste soit au-dessus de son intelligence, car il ne veut pas se donner la peine
de s'instruire. Et voilà pourquoi, cher lecteur,
il y a tant de mauvais peintres, tant de prati-
ciens, un si grand nombre de faiseurs.

Si la gloire, en effet, est une belle chose, à la
rigueur nécessité pourrait faire cependant loi,
car, comme l'a dit Beaumarchais : « La nature
nous condamne à dîner trois cent soixante-
cinq fois ; et si le guerrier, l'homme d'État ne
rougissent point de recueillir la noble pension
due à leurs services, pourquoi le fils d'Apol-
lon, l'amant de la nature, incessamment forcé
de compter avec son boulanger, négligerait-il
de plaire au public ? » Faut-il s'étonner maintenant que chacun de nous se rapetisse à a

taille de ce pygmée, et, de géant qu'il était,
pour ne point l'humilier, se fasse nain ?

A part les organisations d'élite, et à quelques exceptions près, l'art actuel en est réduit à cette formule : « Faire le portrait assez mauvais pour plaire ! » Aussi, que de viles flatteries à ce public grand dispensateur de gloire ; que de bassesse pour quelques pièces d'or ! et que je préfère à celui qui vend sa pensée, le plus pur de son intelligence, l'ouvrier, le manœuvre qui ne vend que la sueur de son corps !

Oui, lecteur, malheureusement l'art n'est plus que commerce, et comme l'a dit Jean-Jacques Rousseau : « Jamais état libéral ne sera respectable et illustre qu'autant qu'il ne sera pas un métier. »

Avant tout, l'artiste doit être indépendant, libre de toute contrainte. Pouvant vivre sans le secours de ses œuvres, elles se vendront ; non parce que des agioteurs et des brocan-

teurs en chambre les auront cotées, mais parce
qu'elles vaudront réellement par leur valeur artistique. Peut-on peindre librement quand on
ne peint que pour vivre ? et l'imitation banale
et roturière de la ressemblance, doit-elle rem-
placer l'interprétation libre et idéaliste de la
nature ? Je le répète : rien de vigoureux, rien
de grand ne peut être produit par un pinceau
mercantile ; la nécessité, l'avidité font faire
plus vite que bien, et le besoin de vivre fait
peindre des portaits qui ne s'élèvent jamais
au-dessus des goûts vulgaires.

Que de peintres, de distingués qu'ils étaient,
ou qu'ils pourraient devenir, ne sont que des
barbouilleurs de toiles et de papier ! ils ne
travaillent plus selon leur goût, bon public,
ces artistes que tu empoisonnes en les nour-
rissant, mais selon le tien, toi qui les payes. Ils
ne choisissent plus le genre de peinture qui
leur convient, mais celui qui trouve le plus
d'acheteurs ; et la pauvreté, qui met de si

fortes entraves à tous les talents, entraîne chacun à travailler au rebours du sien, en obligeant l'artiste, pour te plaire, cher et bon public, à s'éloigner de toute perfection. Et voilà, chers élèves, la différence qui existe entre l'imitation et l'interprétation de la nature, et la grande distance qu'il y a entre les aperçus artistiques énoncés dans les rapports présentés à l'Institut, par des Académiciens, et les *erreurs* avancées dans *le Grand livre des peintres*. Je ne suis pas éloigné de croire que ceux qui entretiennent de telles erreurs et si préjudiciables au progrès des arts, ou sont aveugles, et alors il faut les guérir, ou ressemblent aux prêtres du paganisme qui ne tenaient à leur religion et à leurs dieux qu'autant qu'ils les faisaient vivre.

L'âme se proportionnant insensiblement aux objets qui l'occupent, ce sont les grandes pensées qui feront les grands hommes. Si l'on veut que rien ne soit au-dessus du génie, il

faut que rien ne soit au-dessus de ses espé-
rances ; voilà l'unique encouragement dont
l'art a besoin. Aussi, dussions-nous en mé-
contenter beaucoup, je dis des Académiciens,
nous chercherons la vérité, et nous écrirons
et penserons avec la conviction d'un homme
qui ne s'en écartera jamais. Réussirons-nous
à convaincre?.... C'est ce que vous jugerez.

Pl. 2.

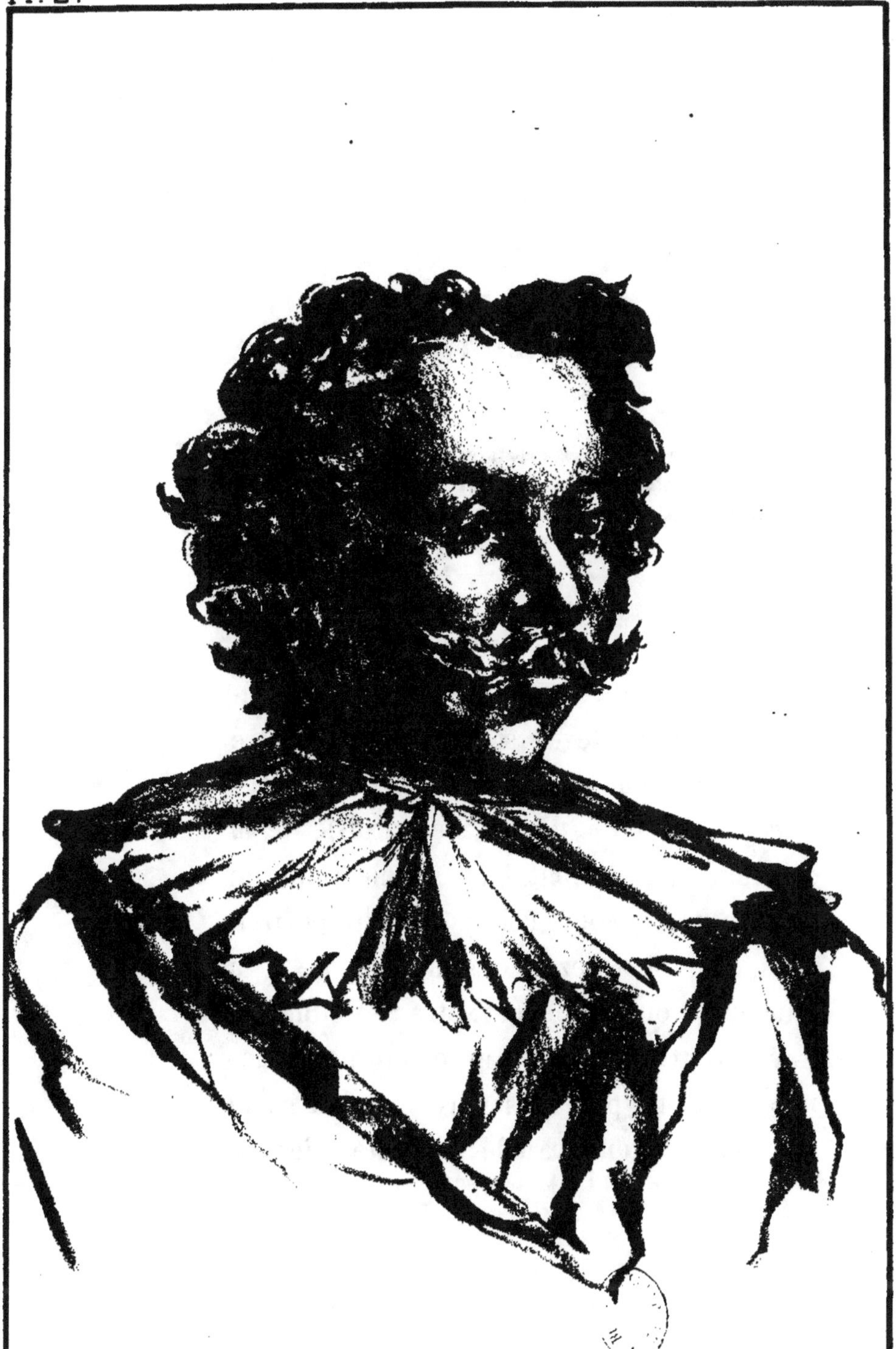

CHAPITRE IV.

**Les 1re, 2e et 3e planches se dessinent :
cependant l'élève, satisfait des digressions
de l'auteur, le supplie de continuer.**

Si toute peinture exige une forme, il est évi-
dent que vous devez savoir dessiner votre
miniature avant de la peindre et de vous
engager dans ce dédale inextricable de la
couleur, qui devient bien simple pour un
initié; car, si avant le coloris de votre portrait
vous n'en observez le dessin, la pose et la
tournure, votre modelé et votre reproduction
y perdront en expression et en physionomie; nous ne pourrons faire, avec la seule
connaissance du procédé, que des dessins

exacts et rationnels, mais leur physionomie sera toujours nulle et insignifiante, et le manque d'intérêt sera leur défaut capital; tous ces vices résulteront du moyen mécanique, et prouveront une fois de plus, d'une manière indubitable, la supériorité de l'interprétation idéale. Cette distance immense, qui les sépare l'un de l'autre, est celle que nous allons tâcher de combler dans le chapitre suivant, en traitant de la *physionomie* et de la *ressemblance;* nous ne nous occuperons donc dans celui-ci que des moyens matériels, d'études dessinées; des portraits, de leur pose, de leur tournure, de leur expression, pour n'avoir plus qu'à développer les déductions des principes énoncés.

Quoique je ne veuille pas, chers élèves, prendre les points extrêmes, je suis forcé quelquefois de ne me point écarter des grandes règles de l'art. Si la peinture tire un charme de son coloris, elle n'en est pas moins attrayante par la force et la vigueur de ses effets : une tête, prise isolément, subit les mêmes conséquences qu'un groupe ; et un portrait où l'ombre et la lumière sont ménagées adroitement et vivement distribuées, parle, s'exprime plus clairement à l'intelligence du spectateur ; c'est à cette manière que nous nous conformerons, sans cependant l'exagérer ; et votre goût et vos progrès aidant le procédé, vous pourrez prendre de ce genre vigoureux et entier tout juste ce qu'il vous en faudra. Si une tête énergiquement accusée flatte l'œil et entraîne spontanément tous les véritables artistes, un portrait peint en pleine lumière, sans ombres bien sensibles, est tout aussi agréable aux yeux du spectateur et n'en requiert pas moins de qualités pour le mener à bien ; les portraits de Reynolds, Lawrence, etc., en sont une preuve. Mais aussi, chers élèves, pour arriver à cette perfection lumineuse, que de travail, que d'effets

cherchés et trouvés dans des masses d'ombre,
que de lumière extraite des ténèbres, et que le
peintre a dû étudier pour en arriver à cette
délicatesse de modelé! Rubens, comme Véro-
nèse, se noie dans la lumière, et sacrifie l'effet;
Rembrandt se plonge dans le chaos pour en
sortir éblouissant..... Quelle route suivrons-
nous? Je ne sais; puisque toutes deux sont
excellentes.

Si le modelé, ce premier pas dans l'art, car
le trait n'est, en vérité, qu'accessoire, est le
moment où l'élève commence à créer, nous
l'utiliserons en prenant pour modèle une tête
où il soit très-sensible, et nous en accuserons
la cause dans la pose même de la *planche
première*. La tête est de trois-quarts; la partie
lumineuse est resserrée, et les ombres fortement accentuées; la masse obscure est fort
distincte de celle éclairée, et néanmoins, en
dessinant fortement les traits, elle ne les al-
tère point, car au lieu de nuire à l'expression,

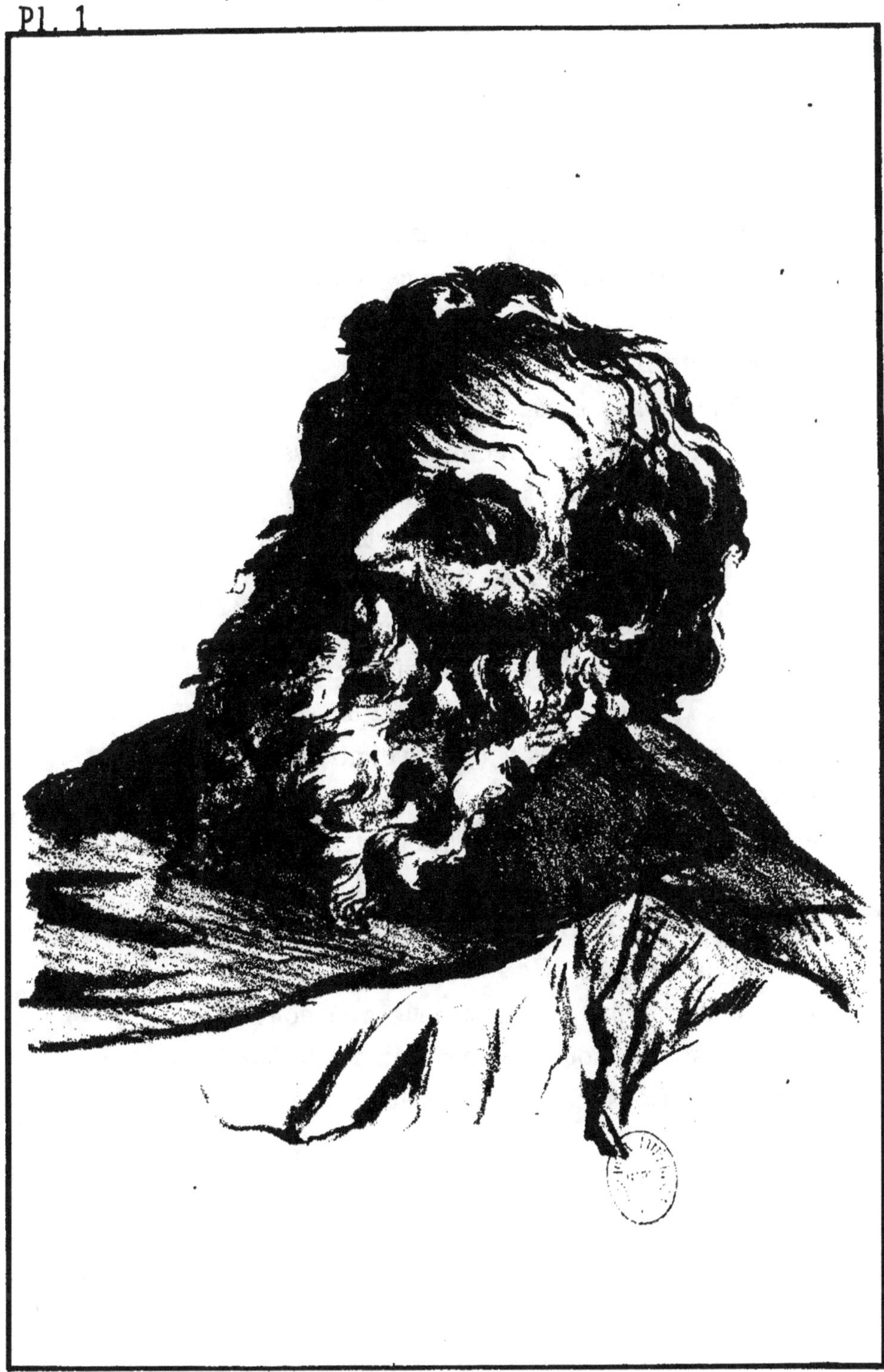

elle en donne à la tête : Greuze, dans ses études, a beaucoup **affectionné** ce genre, et ses portraits en ont acquis un plus grand caractère et un aspect plus expressif.

Dans la *deuxième planche*, nous avons un effet tout aussi accusé avec moins de masses d'ombre; il est franc et vigoureux; les Hall, les Weyler, et tous les miniaturistes de la bonne école en ont tiré d'excellentes ressources : la lumière, moins resserrée, plus éparpillée, rend l'expression du visage moins soucieuse, donne plus de calme et de sérénité à la pensée, rend la tête méditative en lui conservant une apparence enjouée et vive; et si la précédente est un excellent moyen pour les têtes d'étude, celle-ci est de beaucoup préférable pour les portraits.

C'est la planche IIIe dans laquelle nous nous renfermerons, et c'est celle que nous choisirons pour nous faciliter l'étude de la miniature. Nous possédons l'original peint par la célèbre Rosalba, et nous serons à même d'approfondir tous les secrets de cette puissante et inimitable artiste. Un excellent portrait d'homme, de Weyler, nous servira, comme nous le verrons dans la deuxième partie de cet ouvrage, de point de comparaison, et guidés par de si excellents peintres, je doute que nous n'arrivions pas à la perfection.

Ce que je viens d'énoncer précédemment est une bonne étude préparatoire, mais encore faut-il, chers élèves, que vous sachiez dessiner pour en faire l'application : reportons-nous donc à mes précédents ouvrages, car je ne veux ni perdre mon temps ni le vôtre en futiles aperçus.

Je vous ai (dans mon chapitre IX du Dessin appris seul, *première partie*), donné les règles nécessaires pour copier une tête par hachures, et pour dessiner une *bosse;* dans le chapitre IV du Dessin appris seul, *deuxième partie*, cette étude d'après la bosse, vrai point de départ de l'art en général, et principalement du portrait et de la miniature, nous a conduit à celle du modèle vivant : reprenons ces études puisque je trouve rempli le but que je m'étais proposé en les écrivant, et reportons-nous ensemble, pour les étudier à nouveau, à ces leçons pratiques que nous développerons pour l'enseignement de nos élèves, et où le maître, même le plus parfait, nous serait d'une complète inutilité; cherchons, en en faisant aujourd'hui même l'application pour nous amener aux planches que nous vous donnons, leur utilité pour la miniature qui nous occupe en ce moment : nous ferons du dessin pour obtenir la forme; nous modèlerons pour trouver l'effet; les masses nous donneront le caractère. Par cette étude, nous franchirons rapidement l'espace qui nous sépare de la prompte et complète réalisation de notre pensée : avant de peindre, nous dessinerons.

CHAPITRE V.

Un temps d'arrêt qui chagrinera beaucoup le moins professeur des professeurs.

On conçoit que, dans ces nouveaux aperçus, l'auteur ne doive point se contenter des jalons qu'il a déjà plantés, mais qu'il est de toute nécessité qu'il détruise encore les fausses impressions que les moins professeurs des professeurs auraient pu faire germer dans l'esprit de quelques-uns des lecteurs. C'est en concentrant les moyens sur un même point, et en les dirigeant vers un but unique, que l'art de la miniature rivalisera avec la nature, et que l'artiste deviendra créateur.

En effet, le dessin ou trait, l'expression ou sentiment, la composition ou balancement des lignes peuvent supporter la description; mais comment décrire l'effet et la sympathie des tons, gammes aussi insaisissables que les impressions les plus subtiles, nuances aussi mystérieuses que les harmonies musicales les plus éthérées, si la méthode, et toutes se ressemblent, ne nous indique que la composition banale du ton; si un numéro d'ordre ne nous donne que le plus insipide et le plus faux ragoût qui se puisse imaginer. Encore une fois, à qui sera la faute?... Au professeur d'abord, qui eût mieux fait de ne rien vous enseigner, si vous ne deviez en retirer aucun bénéfice; ensuite, la vôtre, de n'avoir point réfléchi, et de vous être livrés à des recettes didactiques. Aristote, le premier des donneurs de formules, nous en a tellement dégoûté , que nous croirions mentir à notre siècle et au public si nous nous rendions coupable d'un semblable méfait.

En préparant notre élève par l'intelligence de l'observation à réfléchir avant de produire, nous aurons comblé une lacune que peu ou point ont su éviter, et nos leçons pratiques s'en ressentiront toujours.

Ce n'est pas que nous blâmions ces méthodes d'une bouffonnerie si étrange qu'elles n'en sont plus dangereuses, non; elles se condamnent d'elles-mêmes, et elles tomberont assez tôt dans l'oubli; mais, ce qui ne nous est point indifférent, c'est l'état de prostration dans lequel l'enseignement est tombé; l'ignorance et l'inaptitude des professeurs qui doivent le propager. Les faiseurs de recettes trouvent bien les ingrédients, mais ne peuvent les utiliser; de même que les médecins connaissent la drogue sans savoir l'employer. Ces messieurs composent un ton et ne savent où le placer; bref, ils mettent bien dans la sauce ce qu'il faut, et cependant le ragoût est détestable. Est-ce la faute de l'élève?.. Encore une fois j'en doute. Puisque le procédé est souvent inapplicable, et la théorie presque toujours incompréhensible, prenons pour biais le sentiment, pour guide l'observation.

Pour l'observateur, et j'ai appris à mon élève à l'être, il est facile de remarquer que la miniature que nous prendrons tirera tout son intérêt de l'effet qu'elle produira sur le spectateur. Il ne restera donc plus au peintre, pour terminer son œuvre, que d'observer, de composer sur sa palette les teintes ou valeurs qui lui seront nécessaires pour la parfaire, c'est-à-dire de reproduire ce ton local dont la nature lui offrira le modèle. Puisque nous disposons *seul* de principes pour la couleur, la lumière et pour l'effet, assumons une responsabilité dont nous reconnaissons chacun le droit de disposer, et employons le remède que nous croirons le moins dangereux.

Nous avons démontré, dans nos précédents ouvrages, et il nous est impossible d'aller au delà, les premiers commencements et principes pratiques d'un art qui, cependant, est tout de sentiment; nous avons assujetti notre élève à une stricte imitation, et nous avons voulu que sa main soit esclave de sa volonté; maintenant, devant la nature, il sera maître de son libre arbitre. Secouons donc le joug que nous subissions, et élançons-nous vers l'inconnu. Vous me suivrez, chers élèves, car je vous ai appris à ne douter de rien.

CHAPITRE VI.

Pauvres méthodistes! malheureux sectai-
res! tristes compilateurs de tous procédés
aussi inconnus qu'inutiles! vais-je, puisque le
procédé veut la pratique et que la matière
engendre la matière, suivre vos routes bat-
tues et monotones?.... Non, je prendrai de
vos ingrédients ce qu'il m'en faudra, et je vous
abandonnerai encore une fois l'avalanche de
recettes sans lesquelles vos fastidieuses et insi-
pides méthodes, traités, essais, etc., resteraient
enfouis! Dans nos précédentes pages, comme

dans les suivantes, nous ne demanderons au procédé que ce qu'il nous en faudra pour rendre simplement et naïvement la pensée créatrice qui nous dominera.

Être simple et concis; donner des conseils et non des règles, car rien dans l'univers n'est stable; éclairer votre jugement sans le dominer; éveiller vos instincts sans les maîtriser; c'est avec ces principes que je saperai et annihilerai tout le fatras véreux et poudreux des inutiles et précédents manuels, encombrés de tout ce qui peut être le plus nuisible aux progrès de l'élève. Nous avons posé et dessiné nos modèles; nous avons utilisé, en nous reportant à nos précédents ouvrages (1), les leçons pratiques que nous y enseignions; faisons en sorte que celles que nous décrivons pour vous faciliter la manière de peindre à la miniature ces études dessinées, puissent

(1) Du *Dessin appris seul*, 1re et 2e parties.

vous être d'une aussi grande utilité que celles énoncées précédemment.

De l'Ivoire.

On peint généralement la miniature sur ivoire. Est-ce vous dire qu'on ne pourrait pas se servir de vélin, de parchemin, de papier préparé à la colle; de bois, de marbre, de coquille d'œuf ou de toute autre substance?... non; mais vouloir utiliser des matériaux qui ne peuvent que diminuer la durée d'une œuvre déjà si éphémère par elle-même, c'est inconséquent et illogique. Prenons donc l'ivoire, puisque c'est la matière la moins sujette aux dilapidations du temps. L'essentiel est de le choisir : il y a l'ivoire jaune ou opaque, d'un mauvais usage et sans transparence, et l'ivoire vert ou légèrement teinté de bleu; ce dernier, plus tendre et absorbant, demande une préparation plus minutieuse, mais il acquiert aussi un aspect chaud et lumineux bien préférable au premier. Les tablettes ou morceaux d'ivoire qui ont le grain trop rugueux ou veiné de bandes plus ou moins blanchâtres doivent être rejetées; les autres seront poncées avec une petite quantité de pierre-ponce, en se servant d'un léger mortier en verre, et en le tournant circulairement sur l'ivoire que l'on aura eu soin de mouiller entièrement. On remarquera que les doigts ne doivent pas s'y poser, dans la crainte que la partie graissée ne puisse plus recevoir la peinture; cette opération faite, mouillez-le des deux côtés, et faites-le promptement sécher au soleil.

L'ivoire, prêt à peindre, sera fixé avec un peu de gomme bien légère sur une feuille de papier blanc, qui lui donnera plus d'éclat et de lumière; puis, cette feuille sera appliquée sur un carton posé sur un pupitre mobile à crémaillère, afin que l'élève puisse l'incliner ou le relever à volonté. Mais, vraiment, je m'endors dans toutes ces redites : vous trouverez chez les premiers marchands de couleurs que vous rencontrerez sur votre chemin et ivoire préparé et chevalets perfectionnés, et tout ce que votre bourse pourra désirer....

Des Pinceaux.

Deux sont suffisants. Les meilleurs, pour la miniature, sont les pinceaux en martre, rouges et noirs. Il leur faut de l'élasticité, de la compacité, une pointe fine et moelleuse sans être molle, afin que tous les poils, après avoir été mouillés et désunis, viennent se rejoindre et reformer cette pointe sans qu'une mèche, ou même un poil, ne dépasse ni ne s'éloigne.

Je vous ai déjà dit, dans mon Opuscule sur l'aquarelle, de quelle utilité était un bon pinceau ; je vous le répète encore, car de lui dépendra souvent le *brio* de votre création. Le

plus petit, en martre rouge ou petit-gris, vous
servira pour le pointillé ; cependant, il ne le
faut pas trop lilliputien, car il nous entraîne-
rait dans une facture maigre et mesquine,
qui fausserait les qualités solides et brillantes,
larges et vigoureuses, qui seront le but de
vos études. Surtout *n'améliorez* pas vos pinceaux avec votre canif ou vos ciseaux !

Du Grattoir, de la Pointe, etc.

L'usage du grattoir est pernicieux et devrait, de même que celui de la pointe, être
mis de côté. Le premier sert à enlever les
agglomérations, ou petits amas de couleurs
qui se forment par le travail en certains en-
droits ; la pointe en acier, ou simplement une
aiguille emmanchée, remplace le grattoir dans
les détails dont l'exiguité ne l'admet point. Ils
servent tous deux aussi à enlever certains
points trop colorés ou trop sombres, qui font
tache dans la masse. Mais ces deux ressources

sont inutiles et doivent être abandonnées par les élèves ; les *forts* peuvent tout se permettre.

Nos vieux miniaturistes du XVIIIe siècle ne connaissaient point l'emploi de toute cette ferraille ; de la pointe de leur pinceau, bien légèrement humide, ils mouillaient simplement le point ou la tache à modifier ou à faire disparaître, et, lorsqu'elle était bien imbibée, de ce même pinceau, beaucoup plus sec, ils palpaient et poussaient de sa pointe la partie à enlever : puis, le point ou la place bien nette, ils reposaient légèrement, et, selon les tons voulus, les teintes qui devaient se fondre dans l'ensemble. Nos artistes, quoique vieux, avaient un procédé qui valait mieux que le nôtre.

Petites inutilités d'une grande nécessité.

Deux verres nous seront indispensables : l'un rempli d'eau claire pour le maniement et nettoyage, l'autre contenant de l'eau gommée pour donner, en l'employant, une accentuation plus forte aux parties et couleurs sombres. Néanmoins cette dernière, employée avec légèreté et inconséquence, nuit beaucoup à l'aspect général de l'œuvre. Je suis encore d'avis de s'en passer, puisque toutes les couleurs sont minutieusement préparées et gommées par les fabricants.

Le garde-main consistera en une feuille de papier blanc placée sous le poignet pour l'essai et la préparation du pinceau; et la loupe sera d'une grande utilité et d'un bon usage à ceux dont la vue n'est pas des meilleures. Ils feraient du reste tout aussi bien, s'ils avaient cette infirmité, de ne pas même commencer l'art de la miniature.

Les palettes se font de diverses matières : je me sers d'une vieille assiette blanche; il vous sera facile d'en faire autant. Cependant, si vous voulez vos aises, choisissez entre une d'ivoire, de verre, de porcelaine, etc., etc.;

ronde, carrée ou ovale, la forme ni la matière n'y font rien ; seulement assignez à vos couleurs-mères et à vos tons les places qu'elles occupent dans le tableau indicateur. Les couleurs, à partir des plus lumineuses, se placent toujours de droite à gauche ; du blanc au noir.

Des Couleurs.

Je trouve, par expérience et par nécessité, que la miniature peut se peindre, faire et parfaire, de même que tous les autres genres de peinture, avec *sept* couleurs. Notre tableau indicateur les indiquera : *cobalt, vermillon, laque fine, ocre jaune, terre de Sienne naturelle, terre de Sienne brûlée, indigo.* Pour les draperies, toutes les couleurs connues et inconnues, mélangées, falsifiées, peuvent être utilisées, quoique celles que je vous donnerai pour les chairs soient suffisantes : toutefois si votre fantaisie, et je vous en octroie toute liberté puisque maîtres de votre procédé vous serez libres de le varier, vous les fait adopter, n'utilisez jamais pour les chairs que les *sept* couleurs qui seront indiquées dans le tableau indicateur, et votre coloris en sera moins faux, plus brillant et plus vrai.

Le blanc est d'une excellente ressource ; malheureusement, employé par nos savants miniaturistes du siècle passé, l'expérience nous a prouvé qu'il noircissait et conséquemment dénaturait ou détruisait le ton qu'il accompagnait. Il serait indispensable de ne pas l'employer, et cependant, dans les lumières de certaines draperies, il n'est point hors de place.... Acceptons-le comme rehaut d'accessoires, quelquefois aussi dans les fonds, mais ne l'utilisons jamais dans les têtes : s'il ne leur était pas si nuisible il donne vraiment au faire une légèreté, un semblant de pastel que nous préférerions peut-être à la miniature. Malgré ces avantages superficiels, puis-

que cette manière rentrerait dans la fantaisie, n'hésitons pas à l'exclure; et si, par
hasard, nous nous en servions, n'en abusons
jamais.

Dans le chapitre suivant, aidé du tableau
indicateur qui paraîtra en tête de la *deuxième
partie* de cet ouvrage, il sera facile à notre
élève, en composant séparément ses valeurs
et ses tons, de les poser à la place qu'ils
doivent occuper sur notre miniature; puis en
l'ébauchant, nous la modèlerons.

FIN DE LA PREMIÈRE PARTIE.

Imprimerie RENOU et MAULDE, rue de Rivoli, 144.